Ol

Verónica Moscoso

Nivel 1
para principiantes

Editado por Contee Seely

Command Performance Language Institute
28 Hopkins Court
Berkeley, CA 94706-2512
Phone: 510-524-1191
Fax: 510-527-9980
info@cpli.net
www.cpli.net

Olivia y los monos

is published by

Command Performance Language Institute,

which features Comprehensible Input products

for language acquisition.

Illustrated by Pol (Pablo Ortega López) (www.polanimation.com)

Edited by Contee Seely

- ***Olivia y los monos*** Audio CD is available.
- ***Olivia y los monos*** Teacher's Guide may be available.

Watch **FOR FREE** on YouTube the short video about Misahuallí and its monkeys: bit.ly/2E9nTOn

- ***Misahuallí y los monos***, a 30-minute-long documentary DVD by the author, may be available at www.cpli.net.

Follow us on facebook.com/oliviamonos.

Please note: While this book is not designed or intended primarily for children 12 years of age or younger, it is certainly appropriate and safe to use with learners of all ages.

Primera edición: junio de 2018

Impreso en Estados Unidos de América en papel sin ácido y con tinta a base de soya.

First edition published June, 2018

Printed in the U.S.A. on acid-free paper with soy-based ink.

ISBN: 978-1-60372-230-8

Índice

Suggestions for Reading This Book on Your Own

(rather than having it taught to a class by a teacher)

1. It should be 90 to 98% comprehensible. That means you should understand almost all of the words.

2. There is a glossary in the back in case you need to look up any words. It's okay if you don't understand every single word. If the expression is important, it will reappear and explain itself; if it is not so important, it is no big loss to skip it.

3. Reading should feel fun. Ideally, you should get lost in the story.

Día 1

Hola, me llamo Olivia. Tengo 16 años. Estoy muy feliz porque estoy de vacaciones. Estoy de vacaciones en Ecuador. Mamá, papá y yo viajamos a diferentes partes de Ecuador. Me gusta viajar.

Hoy llegamos a un pueblo que se llama Misahuallí en la selva de Ecuador. Este pueblo me gusta mucho. Me gusta mucho porque hay muchos monos. Me gustan los animales. Veo monos por todas partes en el pueblo. Son monos salvajes que viven aquí.

Los monos son muy chistosos. Los monos son amigos de los perros. Veo un mono corriendo con un perro. Veo un mono acariciando a un perro. Veo un mono montando un perro como una persona monta un caballo. Son muy chistosos.

A los turistas les gustan los monos. A los monos les gustan los turistas. Los turistas piensan que los monos son chistosos. Los turistas quieren jugar con los monos. Los monos también quieren jugar con los turistas. Las personas del pueblo dicen que los monos quieren la comida de los turistas. Los turistas les dan comida a los monos.

Los monos comen frutas e insectos y les gusta mucho comer huevos. Mamá, papá y yo vamos a una tienda para comprar fruta para los monos. Los monos vienen a comer la comida. Yo quiero tocar a los monos. Yo quiero jugar con los monos, pero mamá y papá dicen: "¡No, Olivia, cuidado!" Mamá y papá están un poco asustados.

Hablamos con las personas del pueblo. Dicen que los monos son malcriados, que son ladrones. Dicen que los monos roban comida, roban botellas de agua y roban teléfonos. Cuando roban teléfonos, golpean el teléfono hasta romperlo. "¡Cuidado con los monos!" dicen las personas del pueblo. Tenemos que cuidar los teléfonos de mamá y papá.

Las personas del pueblo son muy amigables. Hacemos nuevos amigos. Un amigo es un joven que se llama Marco. Él sabe mucho sobre los monos. Dice que esta especie es el mono machín. Los monos machín son muy inteligentes. Los monos que viven en el pueblo son un grupo de 17. Y los monos tienen un líder que se llama Peco. Peco es el mono más grande y más fuerte del grupo.

Los monos sí son ladrones. Son muy chistosos. Un mono roba el gorro de mi papá. Se pone el gorro en su cabeza. Yo me río mucho. Mamá, papá y yo pensamos que es muy chistoso. Nos reímos de los monos.

Estoy muy feliz de viajar. Estoy muy feliz de estar en este pueblo con monos. Tengo mucha curiosidad de los monos.

Glosario del Día 1

a to
acariciando petting
agua water
amigables friendly
amigo friend
animales animals
años years
aquí here
asustado(s) scared, startled
botellas bottles
caballo horse
cabeza head
chistoso(s) funny
comen they eat
comer to eat
comida food
como like, as
comprar to buy
con with
corriendo running
cuando when
cuidado care, be careful
cuidar to be careful with, take care of
curiosidad curiosity
dan they give
de of, from, about, to
del of the, from the (de + el)
día day
dice s/he says
dicen they say
diferentes different
e and
él he
el the
en in, on
es is
especie species
esta this
están they are
estar to be
este this
estoy I am
feliz happy
fruta fruit
fuerte strong
golpean they hit
gorro cap
grande big
grupo group
gusta: me gusta I like it/her/him (it/s/he pleases me)
gustan: me gustan I like them (they please me)
hablamos we talk
hacemos we make, we do
hasta until
hay there is, there are
hola hello
hoy today
huevos eggs
insectos insects
inteligentes intelligent (plural)
joven young
jugar to play
la the
ladrones thieves
las the, them
les to them/to you (plural)
líder leader
llama: se llama it, s/he is called; its/her/his name is
llamo: me llamo my name is (I call myself)
llegamos we arrive
los the, them
machín white-fronted capuchin

monkey
malcriados mischievous, rude; misbehavers (lit., badly brought up)
mamá mom
más: el mono más grande y más fuerte the biggest and strongest monkey
me me, myself
mi my
Misahuallí (Quichua mixed with Spanish word) – misa con velas – candlelight mass
mono male monkey
monos monkeys (male and female together or all male)
monta s/he rides
montando riding
mucha(s), mucho(s) a lot (of)
muy very
no no, not
nos reímos de we laugh at
nuevos new
papá dad
para for, in order to
parte place, area, part
por todas partes all over the place, everywhere
pensamos we think
pero but
perro(s) dog(s)
persona(s) person(s)
piensan they think
pone: se pone puts on
por todas partes all over the place, everywhere
porque because
pueblo town
que that
quieren they want
quiero I want
reímos: nos reímos de we laugh at
río: me río I laugh
roba s/he steals
roban they steal
romperlo to break it
sabe s/he knows
salvajes wild
se itself, himself, herself, themselves, yourself, yourselves
selva jungle
sí: sí son ladrones they really are thieves
sobre about
son they are
su his, her, your, its, their
también also
teléfono phone
tengo I have
tienda store
tocar to touch
todas all
turista tourist
un, uno, una a, an, one
vacaciones vacation
vamos we go
veo I see
viajamos we travel
viajar to travel
vienen they come
viven they live
y and
yo I

Día 2

Mamá, papá y yo estamos en un hotel pequeño del pueblo. Juana, la dueña del hotel, es nuestra nueva amiga. Hay dos personas muy enojadas en el hotel. Estas personas son turistas. Son un hombre y una mujer.

Los turistas tienen un cuarto en el hotel. Ayer dejaron sus mochilas en el cuarto. Pidieron a Juana no abrir la puerta del cuarto. Viajaron a otro pueblo. Volvieron hoy. Abrieron la puerta del cuarto y encontraron sus cosas afuera de las mochilas.

Están muy enojados con Juana. Piensan que alguien del hotel abrió la puerta y sacó las cosas de las mochilas para robar.

Juana les explica que los monos son ladrones. Ella piensa que los monos sacaron todo de las mochilas para robar. Los turistas están más enojados. Ellos piensan que Juana no dice la verdad. Van a la policía.

La policía piensa que Juana sí dice la verdad. Todos en el pueblo saben que los monos son ladrones. El hombre y la mujer están muy enojados.

Un policía va al hotel y encuentra:

- La ventana del cuarto abierta. Los monos no abrieron la puerta. Los monos entraron por la ventana.

- El dinero de los turistas está roto. Las personas no rompen dinero. Las personas roban dinero. Los monos rompen cosas, rompen dinero.

- Las cosas están afuera de las mochilas. Las personas roban las cosas, se llevan las cosas. Los monos no robaron las cosas.

Los turistas hablan con otras personas del pueblo. Todos piensan que Juana no abrió la puerta del cuarto. Piensan que los monos entraron por la ventana, abrieron las mochilas, sacaron las cosas y rompieron el dinero.

El hombre y la mujer ya no están enojados con Juana. Ellos piensan que Juana sí dice la verdad. Ahora están enojados con los monos. A ellos no les gustan los monos ladrones.

A esos turistas no les gustan los monos pero a otros turistas sí les gustan. Todos los días llegan turistas porque quieren ver a los famosos monos que viven en el pueblo.

A mamá, papá y a mí nos gustan mucho los monos. Queremos darles comida y jugar con los monos. Cerramos la ventana de nuestro cuarto de hotel. No queremos problemas con los monos.

Glosario del Día 2

a to
abierta open
abrieron they opened
abrió s/he opened
abrir to open
afuera de outside
ahora now
al to the (a + el)
alguien someone
amiga friend (female)
ayer yesterday
cerramos we close
comida food
con with
cosa thing
cuarto room
darles to give them
de of, from, about, to
dejaron they left
del of the, from the (de + el)
día(s) day(s)
  todos los días every day
dice s/he says
dinero money
dos two
dueña owner (female)
el the
ella she
ellos they, them
en in, on
encontraron they found
encuentra s/he finds
enojada(s), enojado(s) mad
entraron they got in, they went in
es is
esos those
estáis
estamos we are
están they are
estas these
explica s/he explains
  les explica s/he explains to them
famosos famous
gustan: no les gustan they don't like them (they don't please them)
hablan they talk
hay there is, there are
hombre man
hotel(es) hotel(s)
hoy today
jugar to play
la the
ladrones thieves
las the, them
les to them/to you (plural)
llegan they arrive
llevan: se llevan they take (and go away)
los the, them
mamá mom
más more
mí me
mochilas backpacks
monos monkeys (male and female together or all male)
mucho a lot (of)
mujer woman
muy very
no no, not
nos ourselves, us, to us
nuestra, nuestro our
nueva new
otra(s), otro(s) other(s), another, another one
papá dad
para for, in order to
pequeño small
pero but

personas persons
pidieron they asked
piensa s/he thinks
piensan they think
policía police, policeman
por through, along, by means of, for
porque because
problemas problems
pueblo town
puerta door
que that
queremos we want
quieren they want
roban they steal
robar to steal
robaron they stole
rompen they break, tear
rompieron they tore, broke
roto torn, broken
saben they know
sacaron took out
sacó s/he took out
se itself, himself, herself, themselves, yourself, yourselves
sí: sí dice la verdad she is telling the truth
sí les gustan they do like them (they do please them)
son they are
sus his, her, your, its, their
tienen they have
todo everything
todos everyone, all
  todos los días every day
turistas tourists
un, uno, una a, an, one
va s/he goes
van they go, are going
  van a la policía they go to the police
ventana window
ver to see
verdad truth
viajaron they traveled
viven they live
volvieron they returned
y and
ya: ya no no longer
yo I

Día 3

En la mañana caminamos por el pueblo y encontramos a un grupo de monos en la panadería. María, la dueña de la panadería, se ríe y les da pan a los monos. María es buena con los monos. Los monos agarran el pan con sus manos, como las personas. Ella dice que los monos van a la panadería todas las mañanas. A los monos les gusta el pan. No les gusta el pan de ayer. Les gusta el pan fresco.

A María le gustan los monos. A los monos les gusta María.

Los monos están caminando por diferentes partes del pueblo. Unos monos suben a los árboles; otros caminan en los cables de electricidad; otros entran a las casas; otros van a la playa; otros van a la plaza del pueblo. En la playa y en la plaza los monos juegan con los turistas y comen la comida que les dan los turistas.

Los turistas están felices de ver a los monos. Mamá, papá y yo somos turistas. También estamos felices. Un mono juega con el vestido de mi mamá. Otro trepa en la espalda de mi papá. Otro se sienta en mis piernas. Mamá y papá ya no dicen: "¡Cuidado!"

Los turistas tomamos fotos y video. A los monos les gusta jugar. Son chistosos y los turistas nos reímos mucho.

A veces los monos parecen personas, parecen niños malcriados. Vi a un mono tomar agua de una botella como toman las personas. Vi a otro mono jugar con una pelota como un niño. Vi a otro pedir comida con sus manos, como una persona. Vi a dos monos abrazarse y besarse.

Vamos a otras partes de este pueblo. Viajamos a otros pueblos. Viajamos en canoa por el río. Me gusta mucho viajar, pero en este viaje lo que más me gusta es estar con los monos. Los monos son mis favoritos. Quiero pasar mucho tiempo con los monos y aprender más de ellos.

Las personas del pueblo conocen muy bien a los monos. Dicen que a los monos les gusta mucho la cebolla. No les gusta comer cebolla. Les gusta frotar la cebolla en su cuerpo. Pienso: "¡Qué raro!"

Entonces queremos ver eso. Compramos cebolla. Marco, nuestro amigo, agarra la cebolla y unos monos se sientan en sus piernas. Marco frota la cebolla en el cuerpo de los monos. Los monos están felices. Ellos también agarran la cebolla con sus manos y la frotan en su cuerpo.

Todo esto es muy interesante. Tengo curiosidad. Quiero aprender más y más.

Glosario del Día 3

a to
abrazarse to hug each other
agarra grabs
agarran they grab
agua water
amigo friend (male)
aprender to learn
árboles trees
ayer yesterday
besarse to kiss each other
bien good, well
botella bottle
buena good
caminamos we walk
caminan they walk
caminando walking
canoa canoe
casa house
cebolla onion
chistoso(s) funny
comen they eat
comer to eat
comida food
como like, as
compramos we buy
con with
conocen they know
cuerpo body
cuidado care, be careful
curiosidad curiosity
da gives
dan they give
de of, from, about, to
del of the, from the (de + el)
día day
dice s/he says
dicen they say
diferente(s) different
dos two
dueña owner (female)
el the
electricidad electricity
ella she
ellos they, them
en in, on
encontramos we found
entonces then
entran they get in, they go in
es is
esos those
espalda back
estamos we are
están they are
estar to be
este, esto this
favorito(s) favorite
felices happy
fotos photos
fresco fresh
frota s/he rubs
frotan they rub
frotar to rub
grupo group
gusta: me gusta I like it/her/him (pleases me) (it/s/he pleases me)
gustan: me gustan I like them (they please me)
  le gustan s/he likes them (they please her/him)
  les gusta they like (pleases them)
  no les gustan they don't like them (they don't please them)
interesante interesting
juega s/he plays
juegan they play
jugar to play
la the
las the, them

le to him/her
les to them/to you (plural)
lo the thing, what
lo que what, the thing that (that which)
los the, them
malcriados mischievous, rude, misbehaving
mamá mom
manos hands
mañana(s): todas las mañanas morning(s) every morning
más more
lo que más me gusta the thing I like the most (that pleases me the most)
me me, myself
mi my
mis my
mono(s) monkey(s)
mucho a lot (of)
muy very
niño(s) children (boys and girls together), boys
no no, not
nos: nos reímos we laugh
nuestro our
otra(s), otro(s) other(s), another, another one
pan bread
panadería bakery
papá dad
parecen they look like
parte(s) place(s), area(s), part(s)
pasar spend (time)
pedir to ask
pelota ball
pero but
persona(s) person(s)
pienso I think
piernas legs
playa beach
plaza square
por through, along, by means of, for
por todas partes all over the place, everywhere
por diferentes partes through different places
por el río along the river, by means of the river
por qué why
pueblo(s) town(s)
que that
qué: ¡qué raro! how weird!
queremos we want
quiero I want
raro strange, bizarre, weird
reímos: nos reímos we laugh
ríe: se ríe s/he laughs
río: me río I laugh
se itself, himself, herself, themselves, yourself, yourselves
sienta: se sienta s/he sits down
sientan: se sientan they sit down
somos we are
son they are
su his, her, your, its, their
suben they go up
sus his, her, your, its, their
también also
tengo I have
tiempo time
todas all
todo everything
tomamos we take, drink
toman they drink, take
tomar to drink, take
trepa s/he climbs
turistas tourists
un, uno, una a, an, one
vamos we go
van they go, are going

Día 4

Vamos a comer a un restaurante. Hablamos con Isabel, la dueña del restaurante. Mamá, papá y yo tenemos muchas preguntas sobre los monos.

A la dueña del restaurante le gustan los monos. Ella pone un tazón con agua para los monos. Un mono llega al restaurante, ve el tazón con agua y toma el agua. No toma el agua como un perro o un gato. El mono agarra con sus manos el tazón y

toma como una persona.

Al mono le gusta Isabel. Juega con ella. Es un mono pequeño. El mono le da un beso a Isabel. Todos en el restaurante vemos el beso y nos reímos. Yo digo: "Quiero abrazar y besar al mono". Es un chiste. Las personas no pueden abrazar a los monos porque no les gusta a los monos.

Un hombre llega al restaurante. Vende chontacuros. Yo pregunto:

—¿Qué es eso?

Isabel dice:

—Son unos gusanos que se comen.

Yo digo:

—¿Qué? ¿Comen gusanos?

Isabel dice:

—Tienen un sabor muy rico—. Ella compra veinte gusanos. Tengo mucha curiosidad. Quiero ver esos gusanos. Son unos gusanos gordos. Están vivos. Se mueven. Isabel pregunta:

—¿Olivia, quieres comer los gusanos?

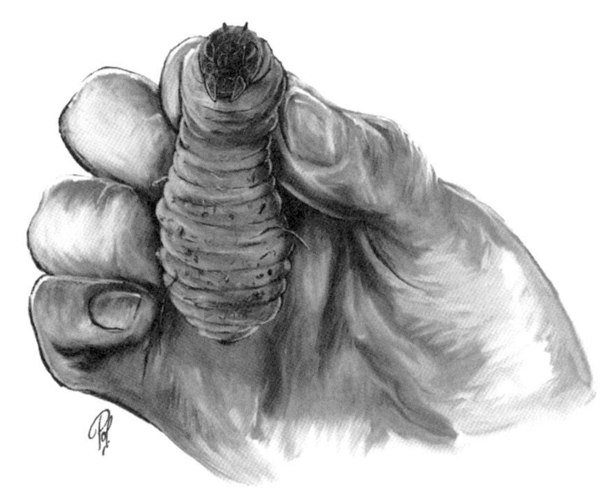

Le digo:

—No, gracias.

Mamá y papá se ríen. Ellos no quieren comer los gusanos.

Nosotros no queremos comer los gusanos pero los monos sí. A los monos les gusta mucho el sabor de estos gusanos. Isabel es buena con los monos. Le da un gusano al mono que está en el restaurante. Otro mono viene y otro más. Isabel les da gusanos. Los monos comen felices.

Luego Isabel cocina los gusanos en agua con sal. Huele muy bien. Huele muy rico. Pienso que los gusanos sí tienen un sabor muy rico. Isabel come los gusanos. Yo tengo mucha curiosidad. ¿Como los gusanos o no como los gusanos? Papá y mamá dicen: "Si quieres, puedes comer". Mi curiosidad es muy grande y como los gusanos. ¡Es verdad, es verdad! El sabor de los gusanos es muy rico.

Papá se ríe y dice: "Yo también quiero uno". ¡Y él come un gusano! A papá también le gusta el sabor. Quiere otro y otro más.

Mamá se ríe mucho. Ella no quiere comer gusanos.

Isabel dice que también los chontacuros se usan como medicina. Las personas comen estos gusanos cuando están enfermas con gripe. Mi mamá me explica que, en esta parte de Ecuador, las personas usan mucho la medicina natural. Usan plantas y animales que están en la naturaleza como medicina.

Glosario del Día 4

a to
abrazar to hug
agarra grabs
agua water
al to the (a + el)
animales animals
besar to kiss
beso kiss (noun)
bien good, well
buena good
chiste joke
chontacuros (from Quichua) chonta worm (chonta is a plant)
cocina s/he cooks
come s/he eats
comen they eat
  se comen they are edible, people eat them
como I eat
  ¿Como los gusanos o no como los gusanos? Shall I eat the worms or shall I not eat the worms?
compra s/he buys
con with
cuando when
curiosidad curiosity
da gives
de of, from, about, to
del of the, from the (de + el)
día day
dice s/he says
dicen they say
digo I say
dueña owner (female)
el the
él he
ella she
ellos they, them
en in, on
enfermas sick
es is
eso that
esos those
esta this
está is
están they are
estos these
explica s/he explains
  me explica s/he explains to me
felices happy
gato cat
gordos fat
gracias thanks
grande big
gripe flu
gusano(s) worm(s)
gusta pleases
  le gusta s/he likes (pleases her/him)
  les gusta they like (pleases them)
gustan they please
  le gustan s/he likes them (they please her/him)
hablamos we talk
hay there is, there are
hombre man
huele it smells
juega s/he plays
la the
las the, them
le to him/her
les to them/to you (plural)
  les gusta they like (pleases them)
llega s/he arrives
los the, them
luego then
mamá mom
manos hands
más: otro más one more

me me, myself
medicina medicine
mí me
mono(s) monkey(s)
mucha(s), mucho(s) a lot (of)
mueven: se mueven they move
muy very
natural natural
medicina natural herbal medicine
naturaleza nature
no no, not
nos: nos reímos we laugh
nosotros we
o or
otro another, other
otro más one more
papá dad
para for
parte place, area, part
pequeño small
pero but
perro dog
persona(s) person(s)
pienso I think
plantas plants
pone puts down (somewhere)
porque because
preguntas questions
pregunto I ask
pueblo town
puedes you can
pueden they can
puertas doors
que that
qué what
queremos we want
quiere s/he wants
quieren they want
quieres you want
quiero I want
reímos: nos reímos we laugh
restaurante restaurant
rico delicious
ríe: se ríe s/he laughs
ríen: se ríen they laugh
sabor flavor, taste
sal salt
se itself, himself, herself, themselves, yourself, yourselves
si if
sí: pero los monos sí but the monkeys do
sí tienen un sabor muy rico they do have a delicious taste
sobre about
son they are
sus his, her, your, its, their
también also
tazón bowl
tenemos we have
tengo I have
tienen they have
todos everyone
toma s/he drinks
un, uno, una a, an, one
unos, unas some, a few
usan: se usan they are used
vamos we go
ve s/he sees
vemos we see
vende s/he sells
ventanas windows
ver to see
verdad: es verdad it's true, it's the truth
viene s/he comes
vivos alive
y and
yo I

Día 5

Mi mono favorito es un bebé. El bebé está montado encima de su mamá y se agarra muy fuerte de ella. La mamá y el bebé no vienen donde los turistas. Las personas del pueblo nos explican que la mamá protege al bebé. Nadie debe tocar a su bebé.

Yo pienso que los turistas son buenos con los monos. Pienso que los turistas podemos tocar al bebé.

Marco, nuestro amigo, dice que hay turistas que son buenos con los monos y otros que son malos con los monos. Marco dice que hay personas del pueblo que son buenas con los monos y otras que son malas con los monos. Marco dice que la mamá del mono bebé hace bien en estar lejos de las personas.

Tres jóvenes turistas llegan a la plaza. Vienen de otras partes de Ecuador. Ellos son muy malos con los monos. Molestan a los monos. Ellos ofrecen comida a los monos y no les dan. Estos jóvenes se ríen mucho. Piensan que es muy chistoso. Yo estoy muy enojada con estos jóvenes. Los monos están más enojados. Llegan más monos a la plaza. Llega Peco, el mono más grande y líder del grupo. Los monos les muestran los dientes a los jóvenes. Los jóvenes ven que los monos están muy enojados.

Los jóvenes están asustados. Quieren escapar. Los monos empiezan a agarrar sus mochilas y su ropa. Los jóvenes no pueden irse.

Las personas del pueblo ven que los monos están agresivos. Las personas del pueblo quieren ayudar. Una mujer trae huevos y bota los huevos al piso.

A los monos les gusta mucho comer huevos. Los monos dejan a los jóvenes y van a comer los huevos. Los jóvenes se van corriendo. Están asustados de los monos.

Vemos que los monos son amigables pero también son animales salvajes. Los monos son agresivos con las personas malas.

También veo que a los monos les gustan los perros. Son amigos de los perros pero no son amigos de los gatos. No les gustan los gatos. Asustan a los gatos. Molestan a los gatos. Esto me enoja porque a mí sí me gustan los gatos. Los monos son malos con los gatos.

En la tarde los monos empiezan a gritar como locos. Las personas del pueblo no saben lo que pasa. Todos los monos saltan de los árboles a los techos de las casas y atacan un bus de turistas. Suben encima del bus y entran al bus. Los monos gritan.

¿Por qué hacen esto? Un turista robó al bebé mono. Metió al bebé en su mochila y, muy rápido, subió al bus de turistas. La mamá mona avisó a los otros monos. El grupo de monos sabía que el turista estaba en el bus. Los monos quieren proteger al bebé. El turista está asustado. Deja salir al bebé de la mochila y el bebé vuelve con su mamá.

Las personas y los monos estamos enojados con ese turista.

Glosario del Día 5

a to
agarra grabs
se agarra holds onto (grabs itself onto)
agarrar to grab
agresivos aggressive
al to the (a + el)
amigables friendly
amigo(s) friend(s)
animales animals
árboles trees
asustado(s) scared
asustan they scare
atacan they attack
avisó told, informed, let … know
ayudar to help
bebé baby
bien good, well
bota s/he throws
buena(s), bueno(s) good
casas houses
chistoso funny
comer to eat
comida food
como like, as
con with
corriendo running
dan they give
no les dan they don't give them
de of, from, about, to
debe should, must
dejan they leave, they let, they allow
del of the, from the (de + el)
día day
dice s/he says
dientes teeth
donde where
no vienen donde los turistas they don't come to where the tourists are
el the
ella she
ellos they, them
empiezan they start
en in, on
encima de on top of
enoja gets mad
enojada(s), enojado(s) mad
entran (a) they get in, they go in
es is
escapar escape
ese that
está is
estaba was
estamos we are
están they are
estar to be
este, esto this
estos these
estoy I am
explican they explain
nos explican they explain to us
favorito favorite
fuerte strong
se agarra muy fuerte de ella holds on to her tight
gatos cats
grande big
gritan they scream
gritar to scream
grupo group
gusta: les gusta they like (doesn't please them)
gustan: les gustan they like them (they please them)
no les gustan they don't like them (they don't please them)
sí me gustan I do like them (they

do please me)
hace: hace bien does well, does the right thing
hacen they do, they make
hay there is, there are
huevos eggs
irse to leave
jóvenes young (plural), young guys, young people
la the
las the, them
lejos far away
les to them/to you (plural)
líder leader
llega s/he arrives
llegan they arrive
lo: lo que what
no saben lo que pasa they don't know what's going on
locos crazy people
los the, them
mala(s), malo(s) bad
mamá mom
más more
el mono más grande the biggest monkey
me me, myself
metió s/he put or stuck (inside)
mi my
mí me
mochila(s) backpack(s)
molestan bother
mono(s) monkey(s)
montado mounted
mucho a lot (of)
muestran they show
mujer woman
muy very
nadie nobody
no no, not
nos: nos explican they explain to us
nuestro our
ofrecen they offer
otra(s), otro(s) other(s), another, another one
partes places, areas, parts
pasa happens
pero but
perros dogs
personas persons
piensan they think
pienso I think
piso floor
plaza square
podemos we can
los turistas podemos we tourists can
por qué why
porque because
protege s/he, it protects
proteger to protect
pueblo town
pueden they can
que that
qué: por qué why?
quiere s/he wants
quieren they want
rápido fast, quickly
ríen: se ríen they laugh
robó s/he stole
ropa clothes
saben they know
sabía I, s/he knew
salir to get out, leave
saltan they jump
salvajes wild
se itself, himself, herself, themselves, yourself, yourselves
sí yes
a mí sí me gustan I do like them (they do please me)
son they are

su his, her, your, its, their
suben they go up
subió s/he got on
sus his, her, your, its, their
también also
tarde afternoon
techos roofs
tocar to touch
todos everyone, all
trae sh/e brings
tres three
turista(s) tourist(s)
un, uno, una a, an, one
van they go, are going
  se van they leave
vemos we see
ven they see
veo I see
vienen they come
vuelve s/he returns
y and
yo I

Día 6

Las personas del pueblo tienen una reunión. Quieren hablar sobre los monos. En la reunión están nuestros amigos. Marco, el joven que sabe mucho sobre los monos. Juana, la dueña del hotel. Isabel, la dueña del restaurante. María, la dueña de la panadería.

Hay personas en el pueblo que no quieren a los monos. Piensan que los monos deben irse del pueblo. Dicen: "Los monos son malcriados". "Los monos son ladrones". "Los monos destruyen nuestras casas". "Los monos roban nuestra comida".

Están todos reunidos hablando de los monos cuando a la reunión entra Peco. Sí, el líder de los monos entra. Las personas se quedan en silencio cuando ven a Peco. Parece que Peco quiere escuchar lo que las personas dicen de los monos. Es muy chistoso. Todos miran a Peco. Unos se ríen, otros no.

Hay personas enojadas. Una mujer dice que los monos entran a su casa, abren el refrigerador y se llevan la comida. Un hombre le dice que cierre las puertas y ventanas.

Un hombre dice que los monos pueden vivir lejos en una isla porque ahí no van a molestar a las personas. Una mujer dice que los monos traen al turismo.

Las personas que tienen negocios — como tiendas, restaurantes y hoteles — dicen que los monos deben quedarse. Estas personas viven del turismo. Los turistas vienen a ver a los famosos monos.

Las personas que no tienen negocios de turismo dicen que los monos deben irse. Hay más personas del pueblo que piensan que los monos deben quedarse.

La reunión termina. Las personas deciden que los monos se quedan. Caminamos a la plaza. Ahí están los monos jugando con unas turistas de Canadá. Un mono trepa con su cola en el brazo de una turista y salta al brazo de la otra. Las turistas se ríen felices. Otra está grabando un video.

Glosario del Día 6

a to
abren they open
ahí there
al to the (a + el)
amigos friends
brazo arm
caminamos we walk
casa(s) house(s)
chistoso funny
cierre s/he closes
  le dice que cierre tells her to close
comida food
como like, as, such as
con with
cuando when
de of, from, about, to
deben should, must
deciden they decide
del of the, from the (de + el)
destruyen they destroy
día day
dice s/he says
dicen they say
dueña owner (female)
el the
en in, on
enojada(s) mad
entra s/he gets in, s/he goes in
entran they get in, they go in
es is
escuchar to listen to
está is
están they are
estas these
famoso(s) famous
felices happy
grabando recording
hablando talking
hablar to talk
hay there is, there are
hombre man
hotel(es) hotel(s)
irse (de) to leave
isla island
joven young
jugando playing
la the
ladrones thieves
las the, them
le to him/her
lejos far away
líder leader
lo que what, that which
llevan: se llevan they take (and go away)
los the, them
malcriados mischievous, rude; misbehavers (lit., badly brought up)
más more
miran they look
molestar to bother
mono(s) monkey(s)
  mucho a lot (of)
mujer woman
muy very
negocios businesses
no not
nuestra(s), nuestro(s) our
otra(s), otro(s) other(s), another, another one
panadería bakery
parece it, sh/e looks like, it seems (like)
personas persons, people
piensan they think
plaza square
pueblo town
porque because

pueden they can
puertas doors
que that
quedan: se quedan they stay, remain
se quedan en silencio they remain silent
quedarse to stay, remain
quiere s/he wants
quieren they love, want
refrigerador refrigerator
restaurante restaurant
reunidos gathered
reunión gathering, meeting
ríen: se ríen they laugh
roban they steal
sabe s/he knows
salta s/he jumps
se itself, himself, herself, themselves, yourself, yourselves
sí yes
silencio: en silencio silent, in silence
sobre about
son they are
su his, her, your, its, their
sus his, her, your, its, their
termina ends
tiendas stores
tienen they have
todos everyone, all
traen they bring
trepa s/he climbs
turismo tourism
turistas tourists
un, uno, una a, an, one
unos, unas some, a few
van a they're going to
ven they see
ventanas windows
ver to see
vienen they come
viven they live
vivir to live
y and

Día 7

Hoy es nuestro último día en este pueblo. Caminamos por la plaza. Tengo una botella de agua en mi mano y, muy rápido, un mono roba mi botella. Mi mamá, mi papá y yo estamos felices. Los monos no robaron nuestros teléfonos.

Mi casa y mi escuela están en California. Ahí no hay monos malcriados viviendo con las personas.

Todo es diferente en este pueblo. Los gallos cantan en las mañanas. Los niños no van a la escuela en bus o en carro. Van en canoa por el río. Las personas prefieren la medicina natural. Comen unos gusanos muy ricos, los chontacuros. Y viven con un grupo de 17 monos salvajes.

Me gusta viajar y visitar lugares diferentes. Quiero aprender más sobre estos monos.

Mamá, papá y yo nos despedimos de nuestros amigos. Les damos un abrazo a nuestros buenos amigos: Juana, Isabel y Marco.

Subimos al carro. Yo me despido de las personas del pueblo y de los monos.

Me gustó mucho visitar este pueblo. Siempre voy a recordar este viaje.

FIN

Glosario del Día 7

a to
abrazo hug
agua water
ahí there
al to the (a + el)
  subimos al we get in the
amigo(s) friend(s)
aprender to learn
botella bottle
buenos good
caminamos we walk
canoa canoe
cantan they sing
carro car
casa house
chontacuros chonta worms
comen they eat
con with
damos we give
de of, from, about, to
del of the, from the (de + el)
despedimos: nos despedimos de we say goodbye to
despido: me despido de I say goodbye to
día day
diferente(s) different
el the
en in, on
es is
escuela school
estamos we are
están they are
este this
estos these
felices happy (plural)
fin the end
gallos roosters
grupo group
gusanos worms
gusta: me gusta I like (pleases me)
gustó: me gustó I liked (pleased me)
hay there is, there are
hoy today
la the
las the, them
les to them/to you (plural)
los the, them
lugares places
malcriados mischievous, rude; misbehavers (lit., badly brought up)
mamá mom
mano hand
mañanas mornings
más more
me me, myself
  me despido de I say goodbye to
medicina medicine
mi my
mono(s) monkey(s)
mucho a lot (of)
muy very
natural natural
  medicina natural herbal medicine
niños children
no not, no
nos: nos despedimos de we say goodbye to
nuestro(s) our
o or
papá dad
personas persons, people
plaza square
por through, along, by means of
  por el río by means of the river
prefieren they prefer
pueblo town
quiero I want

rápido fast, quickly
recordar to remember
rico(s) delicious
río river
roba s/he steals
robaron they stole
salvajes wild
siempre always
sobre about
subimos al we get in the
teléfonos phones
tengo I have
todo everything
último last
un, uno, una a, an, one
unos, unas some, a few
van they go, are going
viajar to travel
viaje trip, journey
visitar to visit
viven they live
viviendo living
voy I am going
y and
yo I

NOTA CULTURAL

Ecuador is a small country about the size of Colorado, with a population of around 16 or 17 million people. It is located on South America's west coast, just south of Colombia and just north of Peru. Because it is right on the equator, Ecuador (which means equator in Spanish) has barely any variation in daylight hours throughout the year. Sunrise and sunset occur each day at the two six o'clock hours.

The country has four main geographic regions: the Amazon jungle, the Andean highlands, the coastal region and the Galápagos Islands. The weather and temperature vary tremendously from one region to another. The capital, Quito, elevation 9,350 feet, is the second highest capital in the world (after La Paz, Bolivia). There is a tremendous variety of animals and plants in Ecuador, particularly in the Amazon region.

Misahuallí is a town of some 5,000 human inhabitants that is located in the Ecuadorian Amazon jungle about 130 miles southeast of Quito by road. It is a popular tourist stop because of its sandy beach, canoe rides on the jungle rivers and hiking tours that show the abundant flora and fauna in the area. A special tourist attraction in Misahuallí is the group of wild white-fronted capuchin monkeys that live in the town and interact with tourists and the town's people.

THE AUTHOR

Verónica Moscoso is an award-winning filmmaker, author and journalist. In 2011, she earned a master's degree from the UC Berkeley Graduate School of Journalism. Her thesis, *A Wild Idea*, a documentary film, received eight awards of merit and distinction.

Verónica employs a variety of media to craft her compelling fiction and non-fiction stories. She's the author of books, articles, photographs, multimedia, documentaries, video and radio pieces, both in English and Spanish. See pp. 42 and 43 for descriptions of her books.

Born and raised in Ecuador, Verónica left her hometown of Quito to live and travel in the Middle East and in Southeast Asia. She chronicled her trips through journal essays and photography. She settled in the San Francisco Bay Area, where she continues creating content and stories.

For much more information about Verónica, see her website:

veromundo.com.

THE ILLUSTRATOR

Pablo Ortega López (POL) is a distinguished prize-winning Ecuadorian illustrator who has had a long career in illustration. He has published thousands of drawings in books, newspapers, magazines and comic books as well as 2D and 3D animations in documentaries.

Since 2006 he has been living in California. He has illustrated this book and many others. For several years he has collaborated in editing novellas and other books for learning Spanish.

He is the principal author of the novella *En busca del monstruo* (Command Performance Language Institute, Berkeley, California, 2013), his first totally literary work.

For information, see his website:

polanimation.com.

Chistes para aprender español
Intermediate Level

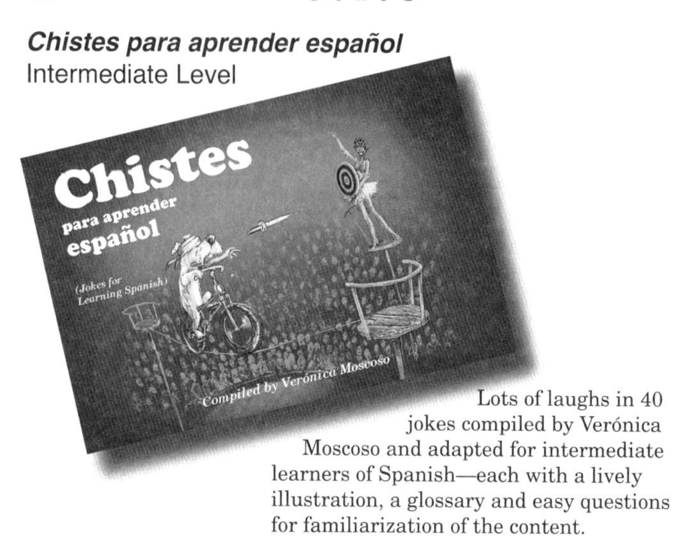

Lots of laughs in 40 jokes compiled by Verónica Moscoso and adapted for intermediate learners of Spanish—each with a lively illustration, a glossary and easy questions for familiarization of the content.

Los ojos de Carmen
Level 3 — High Intermediate
About 7,500 words; about 450 unique words

Daniel is a 16-year-old American boy who wants to enter a photography contest. He travels to Ecuador where he visits his uncle's family and also explores this diverse and intriguing country. On a day trip he meets Carmen, a girl with exceptional eyes. He wants to find Carmen because he thinks he can win the contest with a picture of her. But he doesn't see her again, until one day... *Los ojos de Carmen* is a novella filled with cultural substance and significant facts about Ecuador. Third-year high school students will find it accessible and engaging.

Historias con sabor a sueño

Native-speaker Level

Verónica's first book was published in Quito, Ecuador for native speakers of Spanish. Each of the five fantasy stories is like a metaphor of some of the author's life experiences and the teachings they left her. The result is narrations similar to fairy tales for grown-ups. "While I was developing the plots, I felt so involved in my imagination and had so much pleasure, that I lost the notion of time. I enjoyed every second that I worked on the creation of the stories."

****

At www.cpli.net:

- ***Olivia y los monos*** Audio CD is available.
- ***Olivia y los monos*** Teacher's Guide may be available.

Watch **FOR FREE** on YouTube the short video about Misahuallí and its monkeys: bit.ly/2E9nTOn

- ***Misahuallí y los monos***, a 30-minute-long documentary DVD by the author, may be available at www.cpli.net.

Post and read comments, experiences, classwork and class videos on our Facebook page: facebook.com/oliviamonos

To obtain copies of

Olivia y los monos

contact

Command Performance Language Institute

(see title page)

or

one of the distributors listed below.

DISTRIBUTORS

of Command Performance Language Institute Products

Sosnowski Language Resourses Pine, Colorado (800) 437-7161 www.sosnowskibooks.com	*Midwest European Publications* Skokie, Illinois (800) 277-4645 www.mep-eli.com	*World of Reading, Ltd.* Atlanta, Georgia (800) 729-3703 www.wor.com
Applause Learning Resources Roslyn, NY (800) APPLAUSE www.applauselearning.com	*Continental Book Co.* Denver, Colorado (303) 289-1761 www.continentalbook.com	*Delta Systems, Inc.* McHenry, Illinois (800) 323-8270 www.delta-systems.com
The CI Bookshop Broek in Waterland THE NETHERLANDS (31) 0612-329694 www.thecibookshop.com	*Taalleermethoden.nl* Ermelo, THE NETHERLANDS (31) 0341-551998 www.taalleermethoden.nl	*Adams Book Company* Brooklyn, NY (800) 221-0909 www.adamsbook.com
Fluency Matters Chandler, Arizona (800) TPR IS FUN = 877-4738 www.fluencymatters.com	*Teacher's Discovery* Auburn Hills, Michigan (800) TEACHER www.teachersdiscovery.com	*MBS Textbook Exchange* Columbia, Missouri (800) 325-0530 www.mbsbooks.com
International Book Centre Shelby Township, Michigan (810) 879-8436 www.ibcbooks.com	*Carlex* Rochester, Michigan (800) 526-3768 www.carlexonline.com	*Tempo Bookstore* Washington, DC (202) 363-6683 Tempobookstore@yahoo.com
Follett School Solutions McHenry, IL 800-621-4272 www.follettschoolsolutions.com	*TPRS Books* Phoenix, AZ 888-373-1920 www.tprsbooks.com	*Piefke Trading* Selangor, MALAYSIA +60 163 141 089 www.piefke-trading.com